OSOS

DEPREDADORES

Lynn M. Stone
Versión en español de Argentina Palacios

The Rourke Corporation, Inc.
Vero Beach, Florida 32964

CRÉDITOS DE FOTOGRAFÍAS
© Lynn M. Stone: portada, página de portada, páginas 7, 8, 10, 12, 15;
© Tom Ulrich: páginas 4, 17, 18, 21; © Tom y Pat Leeson: página 13

Library of Congress Cataloging-in-Publication Data
Stone, Lynn M.
    [Bears. Spanish]
Osos/Lynn M. Stone; versión en español de Argentina Palacios.
        p.   cm. — (Depredadores)
    Incluye índice.
Resumen: Describe los distintos tipos de osos de Norteamérica,
dónde se encuentran, cómo cazan y su relación con los seres
humanos.
    ISBN 0-86593-315-4
1. Osos—Norteamérica—Literatura juvenil. [1. Osos.
2. Materiales en español.] I. Título. II. Serie: Stone, Lynn M.
Depredadores. Español. ·
QL737.C27S72818   1993
599.74'4460453—dc20   93-19218
                                                CIP
                                                 AC

ÍNDICE DE MATERIAS

LOS OSOS COMO DEPREDADORES

Los osos grises y los osos negros de Norteamérica nunca pierden una oportunidad de comer. La planta o animal que encuentren se convierte en la comida del momento. La dieta mixta de estos osos significa que son **omnívoros.**

Aunque mucho de su alimento se compone de plantas, tanto los osos grises como los negros son expertos **depredadores.** Los depredadores cazan y matan otros animales, a los que se llama **presa,** para comer.

El oso polar, la tercera **especie,** o tipo, de oso norteamericano, es un depredador cabal. En el hielo donde vive este gigante blanco no hay hojas ni bayas.

Depredadores cabales, los osos polares se desplazan pesadamente por el hielo y la nieve del helado norte

LAS ARMAS DE LOS OSOS

Un oso, por lo general, mata mordiendo a su presa. Los largos y puntiagudos dientes frontales del mismo son típicos de los **carnívoros,** o sea, los animales que comen carne de otros animales.

Un oso tiene largas uñas (garras, garfios) curvas, las cuales le ayudan a excavar a animales de sus madrigueras o a sostener la presa. Las uñas del oso negro le sirven también para trepar árboles.

Los osos son realmente animales atléticos. Aunque tienen el cuerpo voluminoso, son rápidos, muy fuertes y sumamente ágiles.

Las largas uñas le sirvieron a este oso negro para treparse rápidamente al árbol

CÓMO CAZAN LOS OSOS

Según algunos científicos, las osos tienen buena vista y buen oído. Su sentido del olfato es extraordinario y a menudo los conduce a la presa.

Los osos atacan y persiguen presa grande. Un oso gris es rápido a distancia corta. Fácilmente puede sobrepasar a un oso negro—o a un hombre. A 40 millas por hora, un oso gris puede atrapar casi que cualquier animal grande que sorprende. Mata con los dientes pero usa las enormes patas con sus uñas para lesionar y tumbar a animales grandes.

El oso polar **acecha** la presa y se dirige muy despacio hacia ella, pero también embosca y espera para atacar a una foca cuando se aparece por un hoyo en el hielo.

El sentido del olfato de un oso le sirve para localizar la presa

LOS OSOS GRISES

Los osos grises son osos pardos grandes que se encuentran en las ásperas montañas y valles de la parte noroeste de Norteamérica. Pueden pesar hasta 600 libras.

Como depredadores, pueden matar alces y bisontes, animales de tamaño mucho mayor que los osos. Normalmente, los osos grises tratan de no matar animales con cascos cuando ya son adultos y están saludables. A menudo se conforman con animales pequeños, como **marmotas** y ardillas terrestres.

Los osos grises atacan a las personas raras veces, pero sí lo hacen. Así, pues, se debe tratar a los osos grises con el máximo cuidado.

Los osos grises cazan una gran variedad de animales. También comen plantas

Este oso pardo de Alaska acaba de pescar y comer un salmón y se sacude el agua

Un oso gris voltea una piedra y se da un festín de hormigas

LOS OSOS PARDOS DE ALASKA

Los osos pardos de las costas de Alaska son realmente osos grises de tamaño muy grande. Pero en Alaska se les llama osos pardos o, simplemente, "brownies", que es diminutivo de "brown", pardo.

El de mayor tamaño habita las borrascosas islas Kodiak y Afognak. Ya que comen una dieta a base de salmón, estos osos Kodiak pueden pesar hasta 1,700 libras. Parados en las patas traseras, son mucho más altos que una persona.

Todos los veranos, los grandes osos se sumergen en ríos y arroyos y pescan salmón atrapándolo con las mandíbulas. Entre los osos, ciertos individuos tienen mucho talento para pescar y otros son muy desatinados.

Un oso pardo de Alaska lleva un salmón a la ribera

LOS OSOS POLARES

El oso polar caza en el hielo del mar Ártico, donde vive la mayor parte del año. Por lo general se alimenta de focas.

Los osos polares pesan entre 350 y 1,750 libras. Los machos normalmente pesan unas 1,000 libras. Junto con los osos pardos de Alaska, los osos polares son los carnívoros terrestres más grandes del mundo.

A diferencia de los osos grises y la mayoría de los osos negros, los osos polares no **invernan,** es decir, no duermen todo el invierno, excepto las hembras preñadas.

Los osos polares grandes, como los osos pardos, pesan más de 1,000 libras

LOS OSOS NEGROS

Los osos negros, por lo general, pesan de 200 a 500 libras. Comen, más que nada, sustancias vegetales como frutas y raíces.

Al igual que otros osos, los osos negros se comen a otros animales que encuentran muertos. Los osos negros que quieren comer carne fresca por lo general atrapan ratones o ardillas terrestres. También matan las crías de animales grandes y pescan.

Los osos negros son los más comunes en Norteamérica y se encuentran desde Canadá en el norte hasta Georgia y Florida en el sur.

Los osos negros, como éste que está comiendo de un uapití (una clase de venado), a veces tienen el pelaje pardo

LOS OSOS Y LOS SERES HUMANOS

La inteligencia, la naturaleza juguetona y la fuerza bruta de los osos siempre han fascinado a los seres humanos.

Los nativos americanos cazaban osos por su piel, su carne, sus dientes y sus uñas, pero también los respetaban ya que los osos se pueden parar en dos patas, como las personas se paran en dos pies.

Los colonos europeos de Norteamérica veían a los osos como amenaza para ellos y los animales de sus fincas o granjas. Por eso hicieron alfombras de muchos osos. El oso gris resultó **en peligro** de extinción, de desaparecer, en los 48 estados contiguos.

Hoy en día, hay más personas que disfrutan observando a los osos que cazándolos.

Dos osos polares jugando

CÓMO SALVAR LOS OSOS

En Alaska y Canadá, miles de osos deambulan por el territorio por donde han andado siempre. Pero el futuro de los osos del norte es incierto porque más y más personas están invadiendo el **hábitat,** o área donde viven los osos. Y a medida que los seres humanos cambian la tierra construyendo, excavando y cortando, los osos van a desaparecer.

La clave para salvar a los osos silvestres es salvar el hábitat de los mismos. En años venideros, los seres humanos decidirán cuánto territorio para osos y cuántos osos quieren en realidad.

Glosario

acechar — cazar moviéndose despacio y en silencio hacia la presa

carnívoro — animal que come carne

depredador — un animal que mata a otro para que le sirva de alimento

en peligro — en peligro de no exisitr más; muy escaso

especie — dentro de un grupo de animales relacionados muy cercanamente, como los osos, una clase o tipo especial (oso *gris*)

hábitat — la clase de lugar donde vive, o habita, un animal, tal como un bosque

invernar — dormir un sueño muy profundo durante el invierno, período en el cual un animal se alimenta de la grasa de su propio cuerpo

marmota — una ardilla terrestre grande que se mete en una madriguera y es de las montañas occidentales de Norteamérica

omnívoro — que come tanto plantas como animales

presa — animal o animales que caza otro animal para comer

ÍNDICE